¡No te limites!
Nuevas ideas

Heather E. Schwartz

Créditos de publicación

Rachelle Cracchiolo, M.S.Ed., *Editora comercial*
Conni Medina, M.A.Ed., *Gerente editorial*
Nika Fabienke, Ed.D., *Realizadora de la serie*
June Kikuchi, *Directora de contenido*
Caroline Gasca, M.S.Ed., *Editora*
Michelle Jovin, M.A., *Editora asociada*
Sam Morales, M.A., *Editor asociado*
Lee Aucoin, *Diseñadora gráfica superior*
Sandy Qadamani, *Diseñadora gráfica*

TIME For Kids y el logo TIME For Kids son marcas registradas de TIME Inc. y se usan bajo licencia.

Créditos de imágenes: pág.23 Foto por Anthony Devlin/TNR Communications; las demás imágines de iStock y/o Shutterstock.

Todas las empresas y los productos mencionados en este libro son marcas registradas de sus respectivos propietarios o creadores y solo se utilizan con fines editoriales; el autor y la editorial no persiguen fines comerciales con su uso.

Teacher Created Materials

5301 Oceanus Drive
Huntington Beach, CA 92649-1030
http://www.tcmpub.com

ISBN 978-1-4258-2703-8

© 2018 Teacher Created Materials, Inc.
Printed in China
Nordica.012018.CA21701376

Contenido

Ser creativo 4

Activa tu imaginación 6

Prueba algo nuevo 12

Rompe algunas reglas 20

Céntrate en la diversión 26

Glosario 28

Ser creativo

¿Qué significa "ser creativo"? Significa desafiar tu imaginación. Ser creativo te ayuda a pensar en nuevas soluciones. El pensamiento creativo permite que se te ocurran nuevas ideas. Puede ayudarte a solucionar problemas e **inventar** cosas nuevas.

¿Cómo se empieza? Este libro te mostrará la manera.

Activa tu imaginación

¿Quieres pensar de manera más creativa? Hay muchos consejos para lograrlo.

Entrena tu cerebro

El movimiento te permite tomar una pausa en tus tareas escolares. Pero eso no es todo. Los científicos descubrieron que el ejercicio regular ayuda a tu cerebro a pensar de manera distinta y creativa.

Brinca

Escribe tres oraciones sobre tu día. Luego ponte de pie y haz ejercicio. Ahora escribe tres oraciones más. Según algunos estudios, debería ser más fácil escribir después de hacer actividad física.

Escribe un diario

A veces es más fácil ser creativo cuando sabes que nadie verá tu trabajo. Puedes empezar a escribir un diario íntimo. Esto significa que no es necesario que se lo muestres a nadie.

Tú eliges qué poner en tu diario. Eres libre de ser tú mismo en cada página.

Sé un artista

Toma tus crayones, pinturas, pegamento y brillantina. Luego déjate inspirar por el mundo que te rodea.

Haz dibujos para un libro que estás escribiendo. Recorta fotos para armar un *collage*. (¡Pero asegúrate de pedir permiso antes!). Usa algo viejo para crear algo nuevo. No es necesario empezar de cero para crear una obra original.

Prueba algo nuevo

Intenta hacer las cosas de otra manera. Podrías ver el mundo de una forma muy diferente.

Comienza con el fondo

Haz un dibujo pero no dibujes personas ni animales al principio. Mejor comienza con el fondo. Dibuja detalles como árboles, el césped y el cielo. Luego decide en qué lugar de la escena pondrás a los personajes.

Elige un lápiz

Es probable que en la escuela utilices un lápiz #2. ¿Sabías que hay otros números de lápices? Un número bajo indica que el **grafito** es suave. Por eso deja una marca oscura en el papel. Usa lápices #3 o #4 para que la marca sea más clara.

Cambia tu rutina

Comenta a tus padres o tutores que deseas realizar un experimento durante una semana. Diles que quieres hacer la tarea en distintos horarios. El primer día, hazla en cuanto llegues de la escuela. Al día siguiente, espera y hazla después de la cena. Durante el resto de la semana, prueba otros horarios. ¿Quién sabe? Tal vez descubras que trabajas mejor en ciertos horarios del día.

Dormilón

Los estudios demuestran que los niños de 6 a 13 años necesitan dormir mucho. Deben dormir entre 9 y 11 horas por noche. Si duermen menos, pueden tener problemas para concentrarse.

Revisa los estantes

A veces, un lector se estanca en la **rutina**. ¿Siempre lees el mismo tipo de libros? La próxima vez que visites una biblioteca, prueba algo nuevo. Busca una novela gráfica. Lee una poesía. Hojea un cuento de hadas. Observa si aprendes datos curiosos o palabras nuevas.

¡Imagínalo!

Los científicos descubrieron que las novelas enseñan nuevas habilidades a los lectores. Les muestran qué se siente al ponerse en el lugar de otra persona. Ejercitan tu mente.

Juega de otra manera

Pasar el rato con tus amigos es divertido, pero otras personas pueden aportar ideas frescas a tu grupo. Invita a jugar a algunos niños que no conozcas bien.

Cuando estés solo, también puedes cambiar tu forma de jugar. Usa juguetes viejos e inventa juegos nuevos.

Rompe algunas reglas

La mayor parte del tiempo debes seguir las reglas. Pero no está mal romper estas reglas.

Escribe un cuento bobo

Piensa una historia que te haga reír. Escríbela para ti (no para la escuela). No te fijes en la ortografía ni en la gramática. No te preocupes si es disparatada, imposible o no tiene sentido. Los escritores deben **revisar** su trabajo para corregir los errores. Tú también puedes hacerlo. Primero concéntrate solo en escribir todas tus ideas.

Crea tu estilo

Tu ropa puede transmitir un mensaje. Puedes usarla para expresar tu creatividad. Te sirve para contarles a los demás quién eres. ¿Te sientes con ganas de lucir un estilo alocado? Podrías usar dos zapatos distintos. O quizá quieras ponerte un disfraz en lugar de tu ropa habitual. ¡Adelante!

Vestido con LEGO

La ropa no siempre está hecha de tela. Una vez, una famosa diseñadora decoró un vestido con bloques LEGO®. ¡Usó miles de piezas!

Comienza por el final

Trata de cambiar el orden en que haces las cosas cuando quieras ser creativo. Por ejemplo, elige un libro de ficción. Ve a las últimas páginas y lee el final. Ya sabes cómo termina pero, aun así, puedes disfrutar de leerlo desde el principio.

Alerta contra aguafiestas

Los estudios demuestran que saber el final de una historia hace que la lectura sea más divertida. A los lectores les gustan todas las partes. Si saben cómo termina el libro, se concentran más en el trayecto.

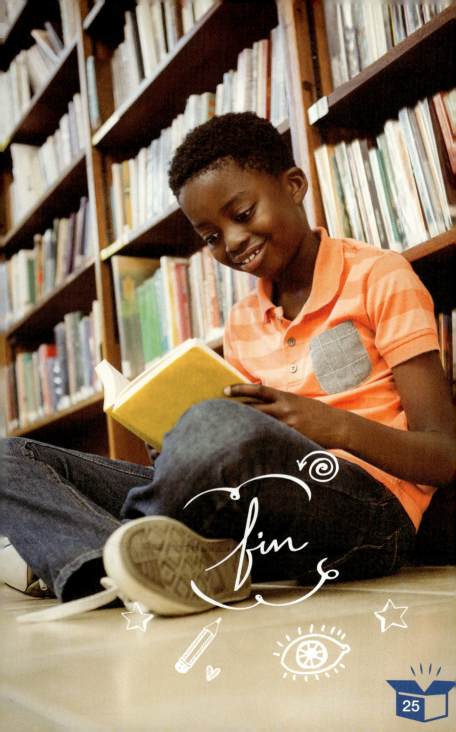

Céntrate en la diversión

Cuando eres creativo, puedes hacer prácticamente cualquier cosa. Puedes cambiar tu vida. Incluso puedes cambiar el mundo.

Aprender a pensar de manera más creativa requiere práctica antes de que se convierta en un **hábito**. Pero no es difícil. La mejor manera es seguir intentándolo. Por lo tanto, ¡diviértete y ponte a pensar!

Glosario

collage: obra de arte en la que se unen trozos de distintos materiales en una superficie plana

grafito: material negro y brillante usado en los lápices

hábito: forma regular de comportarse de una persona

inventar: crear o hacer algo por primera vez

revisar: hacer cambios para corregir y mejorar algo

rutina: situación en la que todo es igual por un tiempo